HEILSAMES AUS DEM KRÄUTERGARTEN

Servus

Das große kleine Buch

Karin Buchart (Hg.)

HEILSAMES AUS DEM KRÄUTERGARTEN

Inhalt

PFEFFERMINZE
MENTHA
PIPERITA

Vorwort

Garten ist Lebensrhythmus

Der Garten ist jener Teil der Erde, an dem du mit dem Boden verwachsen kannst. Jener Flecken Erde, mit dem du im Einklang der Jahreszeiten schwingst. Kaum gibt der Schnee ihn frei und es scheint die erste Frühlingssonne darauf, entfalten sich schon Keimblätter. Zunächst sprießen in hellstem Grün ganz kleine, feine Blättchen, die noch kaum einer Pflanze zugehörig scheinen. Im Frühling sind alle unsere Sinne auf dieses frische Grün fixiert. Der Winter vorher hat eine starke Sehnsucht nach den jungen Pflanzen wachsen lassen. Nacheinander kommen die Frühlingsboten jedes Jahr wieder, und jedes Jahr zaubern sie erneut ein Lächeln auf unsere Gesichter.

Dieses Aufleben der Natur Jahr für Jahr prägt sich uns rhythmisch ein und erinnert immer wieder an den Kreislauf des Lebens: ein wiederkehrendes Wachsen, Erblühen und Vergehen.

Die Farbe Grün

Die Farbe Grün hat eine besondere Wirkung auf uns. Die beste Erholung für die Augen ist der Blick ins Grüne, so steht es bereits im „Intelligenzblatt“, der ersten Zeitung im Raum Salzburg um 1780. Und zwar am frühen Morgen auf einer Wiese, eine Stunde lang mit Blick nach Norden. Der Anblick von gewachsenem Grün, so ist man heute überzeugt, steigert die Kreativität von Körper und Geist. Er macht frischer, freier und ideenreicher.

Der Garten beschenkt

Wer einen Garten besitzt, wird ständig beschenkt. Beschenkt mit überraschenden Blüten, mit wundersamen Düften und süßen Früchten. Die Zuwendung des Gärtners wird mit Vermehrung und Fülle honoriert. Wer drei Kartoffeln in die Erde steckt, kann einige Monate später 20 ernten, und wer ein winziges Lavendelpflänzchen in einen mageren Boden setzt, wird jedes Jahr staunen, wie üppig die blauen Blüten wachsen.
Um Kartoffeln in die Erde zu stecken, braucht es ein Begreifen der Erde. Ein Begreifen der Beschaffenheit und ein Begreifen in Form von Bearbeiten. Und unvermeidlich entsteht eine Beziehung zum gesunden Boden und zum Lebensraum der Pflanzen. Wer ein Stück Garten zur Verfügung hat, kann dies selbstbestimmt bearbeiten. Dieses Ge-

fühl der selbstbestimmten, freien Entscheidung über das, was wachsen soll, wirkt bereits gesundheitsfördernd.

Zwölf begeisterte Kräutergärtnerinnen

Diese Büchlein entführt in die Welt von zwölf begeisterten Kräutergärtnerinnen. Sie widmen sich mit Hingabe der regionalen Pflanzenvielfalt. Wenn auch alle die gleiche Begeisterung zeigen, so sind ihre Zugänge zu Kräutern denkbar individuell. So unterschiedlich die Persönlichkeiten sind, so unterschiedlich zeigen sich auch die Gärten. Der Garten formt den Charakter. Die Kräutergärtnerinnen verraten ihr jeweiliges Lieblingsrezept und laden so zum Ernten und Nachmachen ein. Ganz nach der Philosophie des TEH-Vereins: erprobte Rezepte werden weitererzählt!

Kräuterhof Lutzbauer

Bei der Kapelle beginnt der heilsame Rundweg. Sie ist den 14 Nothelfern geweiht und steht am Fuße des Südhanges zum Kräutergarten. Der Kräuterweg erinnert uns an den Lebensweg, er steigt zuerst steil an, vorbei an der ganzen Fülle der einheimischen Pflanzen. Besonders Melisse, Schafgarbe und Frauenmantel sollen die Dreieinigkeit darstellen, die Frauen in jeder Lebensphase begleiten, um in unserer Mitte zu bleiben. Hoch hinaus führt uns der Weg bis zum schönsten Punkt, an dem sich ein Fenster hin zur Reiter Alpe und in die Welt hinaus auftut. Weiter geht es durch Haselnussarkaden und vorbei an alten Eiben bis zu einem Platz zum Niedersetzen, Rasten und Verweilen. Gleich fällt der „Schlierfbaum" auf, an dem beim Durchschlüpfen alle Last abgestreift werden kann. Dann beruhigt sich der Weg, wird flacher und lässt Leichtigkeit und innere Ruhe einziehen, zurück zum Lutzgut.

Der Garten von Barbara und Hans Haider, mit einem heilsamen Kräuterweg, liegt am Sonnberg in Unken, zwischen Chiemgauer Alpen und Watzmann.

Wintertropfen

Barbara und Hans nehmen Kapuzinerkresse und Wasserdost, oft auch Kunigundenkraut genannt, gerne für ihre immunstärkenden Tropfen. Beide Kräuter helfen dem Immunsystem auf die Sprünge und schützen vor Erkältungskrankheiten. Sie ergänzen sich in ihren Wirkungen.

ZUTATEN

1 Teil Kapuzinerkresse · 1 Teil Wasserdost · 10 Teile Obstler

ZUBEREITUNG

Die beiden Kräuter ernten, frisch schneiden und in ein Schraubglas geben. Mit Obstler aufgießen. Einen Mondzyklus lang ziehen lassen, dabei öfter schütteln. Dann abseihen und in eine dunkle Tropfflasche füllen.

ANWENDUNG

3 x 10 Tropfen pro Tag in der Zeit, in der Erkältungen im Anflug sind.

Thurerhofs Kräuterwelt

Claudia hat schon als Kind von einem Garten geträumt, geworden ist es ein 8000 m^2 großes Naturparadies mit Biotop und Kräuterhügeln, Streuobstwiese und Wildsträucherhecke. Nur wenige Schritte vom wunderschön gelegenen Thurerhof entfernt ist das Tor zum Bio-Naturgarten. Darin integriert ist ein „magischer Räuchergarten“, in dem sie bei Führungen durch acht Stationen von Rauch und Brauch im Jahreskreis erzählt. Ursprünglich hat sie die Kräuterhügel nach Themen wie etwa „Kräuter für die Frau“, „Kräuter für den Mann“ und „Erkältungs-Kräuter“ bepflanzt. Claudia Dirnberger schätzt an ihrem Garten die überraschende Vielfalt. Sie entdeckt ständig Pflanzen, die sich ihren Platz selbst gesucht haben. Dadurch entwickelt die Pflanze ihre größte Heilkraft. Geerntet wird mit Achtsamkeit und so wird auch immer genügend zum Versamen und für die Tiere stehen gelassen.

„Was ich brauche, kommt von selbst“, ist die Kräutergärtnerin überzeugt. „Der Garten ist unser Kraftplatz, nicht nur wir, auch die Besucher nehmen diese besondere Energie wahr.“

Der Garten von Claudia Dirnberger, mit Weitblick über den Obertrumer See, liegt in Seeham im Salzburger Seenland.

Räuchermischung „Erntedank“

Mit der Erntedank-Räuchermischung bedanken wir uns für die Schätze des Gartens über das ganze Jahr hinweg. Die Kräuter werden im Schatten aufgelegt oder aufgehängt und getrocknet gemischt. Die Räucherung sorgt für ein angenehmes Raumklima.

ZUTATEN

1 Teil getrockneter Quendel · 1 Teil getrocknete Rosenblüten
1 Teil getrocknete Alantwurzel · ½ Teil getrocknete Engelwurz

ZUBEREITUNG

Die getrockneten Kräuter mischen.

ANWENDUNG

Glut aus dem Holzofen oder angezündete Räucherkohle in eine Räucherschale geben und warten, bis die Oberfläche der Kohle grau geworden ist. Danach eine Dreifingerprise Räuchermischung daraufstreuen. Wenn sie verkohlt ist, diese mit einem Messer von der Kohle streichen und eine neue Prise darauflegen.

Kräutergarten Hannelore Franke

Der Garten von Hannelore bekommt das ganze Jahr über Besucher. Einmal im Monat zeigt sie, wie die Gartenzutaten für die Hausapotheke verarbeitet werden. Ihr Garten darf (fast) alles an Pflanzen beherbergen, was sich dort wohlfühlt. Diese Gartenleidenschaft hat sie von ihrer Oma übernommen, einer Bäuerin aus dem Bayerischen Wald. Als Hannelore noch als Krankenschwester gearbeitet hat, war der Garten der Ort des Entspannens und des Beobachtens. Schmetterlinge, Hirschkäfer und Singvögel mögen ihn auch besonders deshalb, weil er völlig naturbelassen ist. Im Laufe der Zeit hat Hannelore begonnen, jeden Tag das Familienessen mit einer Handvoll Kräuter zu ergänzen. Die Kräuterworkshops von Hannelore Franke haben sich inzwischen herumgesprochen und die Kräuterfamilie in Tegernheim wächst.

Der Garten von Hannelore Franke liegt in Tegernheim bei Regensburg.

Balsam für Gartenhände

Der Balsam für Gartenhände fördert die Durchblutung der Haut, erwärmt diese und führt zu samtweichen Händen.

ZUTATEN

200 ml Olivenöl · Je 1 EL Löwenzahnblätter, Arnikablütenblätter, Rotkleeblüten · 20 g Bienenwachs

ZUBEREITUNG

Das Olivenöl mit Löwenzahnblättern, Arnikablütenblätter und Rotkleeblüten erwärmen und mindestens eine Stunde bei mäßiger Temperatur ausziehen. Dann die Kräuter abseihen und 20 g Bienenwachs darin auflösen. Den Balsam in Glastiegel füllen, auskühlen lassen und zuschrauben.

ANWENDUNG

Der Balsam hilft immer, wenn die Hände besonders beansprucht werden. Am besten schon vor der Arbeit eincremen.

Naturoase Kistlerhof

Im Sommer sieht man den Biberstein fast gar nicht mehr, aus dem der Kistlerhof 1860 erbaut worden ist, so sehr ist das ganze Haus von Pflanzen umrahmt. Edith mag die Heilpflanzen und Wildkräuter in ihrer Nähe, sie hat einen ganz besonderen Draht zu ihnen. Sie bringt ihren „Mitbewohnern" besondere Wertschätzung entgegen. Der Hausbaum, eine Rosskastanie, ist Schattenspender und Heilpflanze gleichermaßen. Sie ragt heraus aus einem Dickicht an alten Bauerngartenblumen und Kräutern. „Manche reden von Unkraut", meint Edith beim Betrachten der grünen Pracht. Sie kennt jeden Stängel und jedes Blatt und weiß auch immer etwas damit anzufangen. „Wer hat schon Supermarkt und Apotheke direkt vor der Haustür", sagt sie zufrieden. Wenn Edith wirklich einmal ein Kraut nicht rund ums Haus findet, dann geht sie in den zwölf Hektar großen, eigenen Wald, ihren „Waldgarten". In Vorhaus und Stube werden die Gäste von einer bunten Palette an Eingemachtem und Kräuterzubereitungen empfangen.

Der Garten von Edith Astner, in dem altes Kräuterwissen allgegenwärtig ist, liegt in Brannenburg.

Fusscreme vom offenen Feuer

Diese Kräuterfußcreme wirkt über die Fußreflexzonen. Die frischen Kräuter für die Creme werden bei trockenem Wetter geerntet.

ZUTATEN

GUNDERMANNTINKTUR

1 EL Gundermann · 100 ml 40%iger Alkohol

Gundermann in dem Alkohol vier Wochen ausziehen und dann abseihen.

KRÄUTERÖL

1 EL Gundermann, klein geschnitten · 1 EL Schafgarbe, klein geschnitten · 1 EL Vogelmiere, klein geschnitten 100 ml Olivenöl

Die Kräuter in dem Öl zwei Tage ausziehen und dann abseihen.

KRÄUTERFUSSCREME

das hergestellte Kräuteröl (siehe oben) · 1 EL Kokosöl 10 g Bienenwachs · 2 EL Gundermanntinktur

ZUBEREITUNG

Das Kräuteröl vorsichtig am Rand der Feuerstelle erwärmen und das Kokosöl und das Bienenwachs darin schmelzen. Etwas abkühlen lassen und mit einem Pürierstab langsam 2 Esslöffel der Gundermanntinktur einrühren. Die Creme in Glastiegel füllen, auskühlen und zuschrauben.

VERWENDUNG

Raue und pflegebedürftige Füße nach dem Waschen eincremen. Im Frühling unterstützt sie beim Entgiften und schützt vor dicken Beinen.

Almkräutergarten Zachhofalm

Es ist wirklich ein idyllisches Plätzchen: Die Hütte ist liebevoll und heimelig hergerichtet. Gleich daneben wachsen wertvolle Heilpflanzen, im Sommer in überraschender Fülle. Denn hoch oben auf 1600 Meter Seehöhe haben die Kräuter kein leichtes Leben. Doch dort werden sie besonders aromatisch und wirkstoffreich. Heidi Lainer hegt mit ihrer Familie den Almkräutergarten Zachhofalm, zum Staunen, Begreifen und Verstehen. Sie schafft eine genussvolle Verknüpfung mit Frischkäse, Eiern und Speck. Die Almkräuter sind handgepflückt und handverlesen, wenn sie in den Wildkräutersmoothie oder die gefüllten Kräuterpalatschinken kommen. Alleine der Anblick der Kräuterprodukte ist ein Augenschmaus. Wer zur richtigen Zeit auf die Alm kommt, erhascht sogar einen Einblick in die Salbenküche des Kräuterladens, wenn dort alles brodelt und duftet. Wer Zeit zum Verweilen hat, bleibt einfach über Nacht auf der Zachhofalm.

Der Garten von Heidi Lainer und ihrer Familie liegt am Fuße des Hochkönigs in Dienten.

Energiegetränk
7-Kräuter-Smoothie

Heidi hat einen Smoothie zusammengestellt, der durch die sieben Kräuter und die Süße der Banane ein köstliches Getränk ist. Die Zitrone sorgt für das kraftvolle Grün. Die Pflanzenwirkstoffe der Zutaten können aus diesem gemixten Getränk besonders leicht aufgenommen werden.

ZUTATEN

1 Handvoll Mangold · 1 Handvoll von sieben Kräutern aus folgender Auswahl: Johanniskraut, Schafgarbe, Brennnessel, Frauenmantel, Zitronenmelisse, Himbeerblätter, Minze, Malvenblüten, Hollerblüten, Kleeblüten, Taubnessel, Ringelblume, Stiefmütterchen, Erdbeerblätter · 0,5 Liter Wasser
Saft einer Biozitrone · 1 reife Biobanane

ZUBEREITUNG

Mangold, die Kräuter, Banane und Zitronensaft mit wenig (!) Wasser fein mixen. Dann das restliche Wasser zugeben und noch einmal mixen.

Unteregg's Kräutergartl

Terrassenförmig liegt Christines Kräutergarten am Südhang vor dem Bauernhaus der Familie. Er leuchtet durch die vielen blühenden Kräuter und Rosen neben Steinen, die den Pflanzen Wärme und Rückhalt geben. So entsteht zusammen mit der kleinen, natürlichen Wasserfläche ein Mikroklima, das alles sprießen lässt. Christine kocht gerne mit den Gästen im Einklang der Jahreszeit. Auf dem steinernen Arbeitstisch wird gerebelt und gemörsert und damit eine Duftwolke freigesetzt. Christine verwendet Steinsalz aus dem Salzkammergut und frische Kräuter für ihre Würzsalze. Ihr harzig-herbes Waldsalz würzt Erdäpfel und Butterbrot gleichermaßen. Fichtentriebe, Engelwurz und Oswegokraut wirken dabei in aromatischem Einklang. Die Pflege des Gartens, der nach den Plänen ihrer Tochter gebaut wurde, empfindet Christine als Ausgleich zum Alltag.

Der Garten von Christine Brunauer liegt in einer Waldlichtung am Spumberg in Adnet.

Wilde Brötchen

Selbstgebackenes fehlt in keiner Jause von Christine Brunauer. Ihre Wilden Brötchen vereinen das Kulturgut Brot mit ihren Lieblingszutaten: den frischen Kräutern und dem Steinsalz. Giersch, Löwenzahn und Liebstöckl bringen den Stoffwechsel in Schwung.

ZUTATEN

300 g glattes Weizenmehl · 600 g griffiges Weizenmehl
3 Handvoll Giersch und Löwenzahn, etwas Liebstöckel
375 ml Wasser · 30 g Hefe · 150 ml Olivenöl
2 TL Salz · 1 Prise Zucker

ZUBEREITUNG

Die Kräuter klein schneiden. In einer Schüssel alle Zutaten mischen, den Teig mit der Küchenmaschine kneten, bis er geschmeidig ist und anschließend etwa 30 Minuten ruhen lassen.

Dann den Teig in vier Stücke teilen und diese jeweils in eine Rolle formen Jede Rolle in 8 Stücke teilen. Daraus kleine Fladenbrote formen und nochmals aufgehen lassen. Bei 170 °C Heißluft etwa 15 Minuten backen.

Kräuterplatzl Hinterschneeberg

Resi widmet sich nun ganz ihrer Leidenschaft, ihrem Garten. Und sie hat in ihrem Kräuterplatzl, das in der Bergbauernzone 4 liegt, alles selbst gemacht: Sie hat Wege angelegt, mit großen Steinen gesichert und ein schmiedeeisernes Tor angebracht. Dann hat sie mit der Bepflanzung begonnen, und jetzt finden viele Kräuter wie von selbst den Weg in ihren Garten. Eine bunte Blütenpracht im Hochsommer ist nun der Lohn dafür. Sie bewundert nach wie vor selbst jedes noch so kleine Kräutlein bis ins Detail. Eine wunderschöne Promenade führt von Bad Gastein zum Streitberghof und bringt Resi interessante Gartengespräche mit den Gästen. Resi erntet ihre Kräuter und verarbeitet sie zu Tee, Säften, Ansatzschnäpsen und vieles andere. Als Köchin mag sie das Experimentieren in der Küche. Ihr Vorratslager schimmert in intensiven Farben!

Der Garten von Resi Schafflinger, mit Blick auf die Hohen Tauern, liegt hoch über Bad Gastein an einem Steilhang direkt beim Streitberghof.

Kräuterplatzlbitter

Der Kräuterplatzlbitter von Resi vereint die unterschiedlichen, verdauungsfördernden Eigenschaften von vier Korbblütlern. Bei getrockneten Kräutern nur die halbe Menge verwenden.

ZUTATEN

500 ml Biokorn (38%iger Alkohol) · 4 EL Schafgarbenblüten
3 EL Löwenzahnblüten, -kraut und -wurzel · 3 EL Beifußkraut und -blüten · 1 EL Wermutkraut und -blüten

ZUBEREITUNG

Die frischen, sauberen Kräuter aus dem Garten holen, in ein weites Glas füllen, mit Korn übergießen und gut verschließen. Das Glas für zwei Wochen ans Fenster stellen. Täglich einmal schütteln. Dann abseihen, in dunkle Flaschen füllen und beschriften.

ANWENDUNG

Zur Verdauungsförderung 1 Teelöffel einnehmen.

Kräutergarten Hoadabauer

Die Berge sind nah und schroff. Der Kräutergarten von Erika liegt auf fast 1000 Meter Seehöhe im kleinen, idyllischen Bergdorf Embach im Pinzgau. Der Hof der Familie ist ein kleiner Nebenerwerbsbetrieb. Auf der einen Seite blüht das Johanniskraut wild auf der Wiese, die andere Seite fällt steil ab und das Rauschen des Bergbaches klingt von der Ferne herauf. Der Pfad führt zuerst bergauf bis zu den Hochbeeten mit Symphonien an Duftgeranien und Minzen. Weiter geht es auf der Naturtreppe, die von Lavendel gesäumt wird, vorbei an einer Wildstrauchhecke zum oberen Teil des Gartens. Liebevoll angeordnete Beete widmen sich Heilpflanzen, die bei Erkältungen oder anderen Beschwerden helfen. Die Wildblumenwiese am Abhang bringt jedes Jahr neue Raritäten hervor. Erika lässt alle Pflanzen wachsen, die sich dort wohlfühlen. Sie geht übrigens nur dann in ihren Garten, wenn sie Lust darauf hat. Als Arbeit hat sie ihn noch nie empfunden.

Der Garten von Erika Schwab-Röck, mit Weitblick über das Salzachtal, liegt abgeschieden in unberührter Stille in Embach.

Kräutergartensirup

ZUTATEN

2 l Wasser · 2 kg Zucker · 2 Biozitronen
2 Tassen Kräuter: Zitronenmelisse, Minze, Kamille, Salbei, Schafgarbe, Thymian · 50 g Zitronensäure

ZUBEREITUNG

Zitronensäure im Wasser auflösen. Die Zitronen gut abreiben, in Scheiben schneiden und mit den Kräutern zum Wasser hinzufügen. 48 Stunden ziehen lassen und abseihen. Kräutersaft und Zucker aufkochen und heiß in saubere Flaschen abfüllen.
Der fertige Sirup hält sich durch den hohen Zuckeranteil lange, allerdings nur dann, wenn sehr sauber und sorgfältig gearbeitet wird.

ANWENDUNG

Mit Wasser oder Mineralwasser verdünnt, ist dieser Sirup sehr erfrischend, aber auch eine kleine Menge im warmen Tee schmeckt gut. Man kann ihn auch für Sekt, Bowle, Pudding, Eis und andere Süßspeisen verwenden.

Biokräutergarten Wallmanhof

Von der einen Seite schicken die Glocken der Pfarrkirche Krispl ihr Geläut herüber, auf der anderen Seite ist der Blick frei bis zum Schmittenstein. Der Kräutergarten von Christine Schnaitmann liegt im Ortsteil Gaißau der Gemeinde Krispl auf 840 Meter Seehöhe. Der Gemüsegarten war schon immer eine Vorliebe von Christine. Dann hat sie die Welt der Kräuter entdeckt und liebevoll einen Platz für sie am Hof geschaffen. Christine hat die Kräuter nach den Planeten und Elementen angeordnet und zeigt damit den Besuchern, wie alles mit allem in Wechselwirkung steht. „Ich mag die Pflanzen einfach alle", sagt Christine und kann sich nicht entscheiden, irgendwelche Schwerpunkte zu setzen. Den ganzen Sommer über trocknet sie Kräuter, setzt sie in Schnaps an oder bringt sie in eine andere haltbare Form. Die Nachfrage nach den handgemachten Kräuterprodukten in ihrem Hofladen steigt ständig.

Der Garten von Christine Schnaitmann, mit Blick auf den Schmittenstein, liegt bei ihrem Bauernhof in Gaißau (Gemeinde Krispl).

Blütenessig

ZUTATEN

Je eine Handvoll Blüten von Eibisch, Malve, Ackerstiefmütterchen, Ringelblume, Schafgarbe · 1 l naturtrüber Apfelessig

ZUBEREITUNG

Alle Blüten in ein Glas füllen, mit dem Apfelessig übergießen und verschließen. Den Ansatz zwei bis drei Wochen am Fenster, aber nicht direkt in der Sonne stehen lassen.

ANWENDUNG

Der Blütenessig verleiht einem Salat eine besondere, leicht süßliche Note.

Um die Verdauung anzuregen, trinkt man eine Mischung aus 1 EL Blütenessig mit ¼ Liter Wasser. Die im Blütenessig enthaltenen Pflanzenschleimstoffe beruhigen die Schleimhaut.

Mit etwas Wasser verdünnt ist der Blütenessig auch ein wunderbares Gesichtstonikum bei unreiner Haut.

Kräutergarten Johanna Maier

„Alles wächst, gedeiht und vermehrt sich“, erklärt Johanna Maier und freut sich, wenn sich die Pflanzen in ihrem Garten sichtlich wohl fühlen. Sie sagt das mit funkelnden Augen. Kräuter haben Johanna in ihrer Küche natürlich schon lange begleitet. In den letzten Jahren hat sie sich auch noch mit den Wirkungen der Heilpflanzen befasst. Ihre Begeisterung war so groß, dass sie nicht mehr wiederstehen konnte, die Pflanzen selbst zu ziehen. Regionale Kräuter haben die Speisekarte von Johanna Maier erobert. So finden wir dort interessante Kombinationen von Brennnessel und Giersch, Quendel und Haselnüssen oder Fermentiertes. Auch Ansatzschnäpse schmeckt Johanna Maier jetzt mit ihren eigenen Kräutern ab und ihr feiner Geschmackssinn holt aus den Naturzutaten sensorische Überraschungen hervor.

Der Garten von Johanna Maier
liegt mitten in Filzmoos neben der
Kochschule der Haubenköchin.

Waldmeister-Cocktail mit Rosenblüten

Leicht angetrockneter Waldmeister duftet mit seinem Cumarin herrlich nach frischem Heu und hebt so unsere Stimmung.

ZUTATEN

1 EL Waldmeister, fein geschnitten und leicht angetrocknet
1 EL Zitronenthymian, fein geschnitten · 1 Limette, in feine Streifen geschnitten · 1 Msp. Vanillemark · Honig nach Geschmack
¼ l Weißwein · Limettensaft nach Geschmack
Crash-Eis · 0,375 l Sekt · 1 EL Minze, in feine Streifen geschnitten
1 EL frische, ungespritzte Rosenblüten

ZUBEREITUNG

Waldmeister, Zitronenthymian, Limette, Vanille und Honig etwa 1 Stunde lang im Wein ausziehen, dann abseihen. Mit frisch gepresstem Limettensaft verfeinern. Crash-Eis in Cocktail-Gläser geben, die Waldmeistermischung einfüllen und mit Sekt aufgießen. Zum Schluss mit Minze und Rosenblüten garnieren.

ANWENDUNG

Den Waldmeister-Cocktail zum Ausklang eines anstrengenden Tages genießen. Der Cocktail passt auch gut als erfrischender Aperitif zu einem Frühjahrsmenü.

Herzgarten

Der Impuls für den Garten kam für Uli von den Kräutern selbst. Als Quereinsteigerin entwickelte sie eine große Sehnsucht zu den TEH-Heilpflanzen und wollte diese Kräuter ganz nah bei sich haben. Jederzeit verwendbar und jederzeit spürbar sollten sie sein. So hat sie mit Alois eine große Gartenanlage geschaffen, die der Kräutervielfalt ebenso Raum gibt wie einem Teich und geschützten Plätzen zum Verweilen. Jetzt gibt es ständig etwas Neues zu entdecken. Uli geht in ihren Garten, um Energie zu tanken und um zur Ruhe zu kommen. Deshalb macht sie gerne Meditationen mit ihren Gästen, die so ihre innere Gelassenheit finden und den Garten nochmals intensiver wahrnehmen. Uli Kerschbaummayr bringt bodenständige Workshops wie etwa Salbenrühren in Einklang mit Meditationen und Tänzen.

Der Garten von Uli Kerschbaummayr und Alois Jank liegt in Amstetten, mitten im sanften Hügelland des Mostviertels.

Warzen- oder Zugsalbe

ZUTATEN

1 EL Honig · 1 EL getrockneter, fein gemahlener Spitzwegerich
1 EL getrocknete, fein gemahlene Beinwellwurzel
4 EL Wollwachs · 50 ml Ringelblumenöl
50 ml Kamillenöl · 3 EL Heilerde
3 EL Aktivkohle · 15 Tropfen Teebaumöl

ZUBEREITUNG

Wollwachs und Honig mit dem Öl im Wasserbad zum Schmelzen bringen. Danach alle weiteren Zutaten in das Ölgemisch einrühren und in ein Schraubglas füllen.

ANWENDUNG

Die Salbe schafft es, Fremdkörper und Gifte aus dem Körper zu lösen, Warzen verschwinden, Glas- und Holzsplitter, Kaktus- und Bienenstiche werden aus der Haut gezogen.

Kräuterkraftwerk

Dirndln, Mispeln, Maroni und Maulbeeren fallen sogleich auf. Und in der Mitte natürlich eine Mostbirn. Der Weg hinein in den Kräutergarten lebt von der Ausstrahlung der alten Bäume. Zum Heilpflanzengarten hat Moni auch noch einen Räucherkräutergarten angelegt, der durch den Jahreskreis begleitet. In der „Kraftkammer", einer alten Gartenhütte, trocknet Moni ihre Kräuter. Zudem wird fleißig eingelegt, ausgezogen und destilliert. Im Garten fühlen sich nicht nur Pflanzen wohl, auch so allerlei Tiere mögen diesen Platz. Die Einzäunung soll den herumlaufenden Hunden und Enten ihren angestammten Platz zeigen. Der Garten hat 21 Verweilmöglichkeiten für seine Besucher, vom Bankerl, Sessel über Hausbank und andere Platzerl, die nur gefunden werden brauchen. Alle Besucher sind herzlich willkommen!

Der Garten von Monika Vesely liegt bei ihrem verwunschenen Bauernhaus in Steinakirchen am Forst an der Eisenstraße im Mostviertel.

Hustensirup Bronchienfeger

ZUTATEN

200 g Spitzwegerichblätter · 50 g Thymianblätter
50 g Goldrutenkraut · 250 g Rohrohrzucker
300 g Honig · etwas Weißwein und Korn

ZUBEREITUNG

Die Kräuter, frisch und am besten aus dem eigenen Garten geerntet, grob zerkleinern und mit einem Schuss Weißwein im Mixer pürieren. Von diesem Kräuterbrei eine kleine Menge beiseite stellen. Den Großteil der Masse in den erwärmten Honig einrühren, dann den Zucker unter ständigem Rühren beimengen. Köcheln lassen, bis eine dickliche Flüssigkeit entsteht. Heiß in kleine Gläser füllen und oben darauf in jedes Glas noch ein Löfferl frisches Kräuterpüree geben. Ein paar Tropfen Korn hinzufügen, sofort verschließen und im Kühlschrank lagern, bis der erste Husten kommt.

ANWENDUNG

Der Bronchienfeger wird bei Bedarf löffelweise eingenommen.

Hier finden Sie die Kräutergärten

Kräuterhof Lutzbauer
Barbara und Hans Haider
Gföll 21 · 5091 Unken
06589/7459 · www.lutzbauer.at
Anfahrt: Von Salzburg kommend nach dem Tunnel in Unken, von Lofer kommend vor der Abzweigung nach Unken immer Richtung Heutal fahren. Nach einigen Kilometern kommt die erste Kehre und die Straße führt an steilen Feldern vorbei, dann rechts auf den Wegweiser „Kräuterhof Lutzbauer“ achten.

Thurerhofs Kräuterwelt
Claudia Dirnberger
Tur 1 · 5164 Seeham
0680/216 60 11 · www.thurerhof.at
Anfahrt: Von Salzburg kommend Abfahrt „Salzburg Nord“ nehmen, Richtung Trumer Seenland, Obertrum am See und Seeham. In Seeham entlang der Hauptstraße fahren, bei der Trafik links abbiegen, die Wiesenbergstraße hinauf und nach etwa 1,5 km der erste Bauernhof auf der rechten Seite.

Kräutergarten
Hannelore Franke
Spessartstraße 5 · 93105 Tegernheim
0049/9403968778
Anfahrt: Tegernheim liegt zwischen Regensburg und Donaustauf (Walhalla) an der Donau. Von Donaustauf kommend bei der ersten Kreuzung rechts in die Weinbergstraße einbiegen. Dann in die 2. Straße rechts, die Spessartstraße, fahren bis Haus Nr.5.

Naturoase Kistlerhof
Edith Astner
Milbinger Straße 46 · D-83098 Brannenburg
0049/8034/3392 · www.naturoasekistlerhof.de
Anfahrt: Von Salzburg oder München kommend am Inntaldreieck Richtung „Innsbruck/Brenner" fahren, die 2. Ausfahrt „Brannenburg" nehmen, in den Ort fahren, an der großen Kreuzung mit Ampel geradeaus halten Richtung „Bayrischzell, Sudelfeld". Nach 900 Meter links in die Milbinger Straße einbiegen (Café Müllnerstüberl), die Straße durchfahren, rechts in den Förchenbachweg abbiegen und nach dem Gartenzaun (Eisenzaun) gleich auf die Hoffläche fahren.

Almkräutergarten Zachhofalm
Heidi Lainer
Dachegg 1 · 5652 Dienten
0664/9251397 · www.zachhofalm.at
Anfahrt: Vom Parkplatz der Zachhofalmbahn in Dienten wandern Sie ca. 1 Stunde zur Zachhofalm. Sie können über den Wald- und Wiesenweg (links), der am Jagahäusl vorbeiführt, zu uns wandern oder über die Forststraße (rechts). Nach langem Regen ist es zu empfehlen, die Forststraße zu benutzen! In der Sommersaison fährt an 2-3 Tagen in der Woche die Bürglalmbahn. Nähere Informationen finden Sie unter: www.hochkoenig.at/sommerbahnen

Unteregg's Kräutergartl
Christine Brunauer
Spumberg 9 · 5421 Adnet
06245/74348 · www.untereggs-kraeutergartl.at
Anfahrt: Autobahnabfahrt „Hallein“, Richtung Adnet, Spumberg-Süd, bei Kapelle rechts nach Waidach

Kräuterplatzl Hinterschneeberg
Resi Schafflinger
Hinterschneeberg 16 · 5640 Bad Gastein
0664/1901070 · www.streitberghof.at

Anfahrt: Mit dem Auto über Hofgastein Süd, Vorderschneeberg und Hinterschneeberg. Zu Fuß von Bad Gastein über Mozartplatz, Erzherzog-Johann-Promenade in etwa einer halben Stunde zum Streitberghof. Von Hofgastein oder vom Angertal in eineinhalb bis zwei Stunden, der Garten liegt direkt auf der Montainbike-Strecke.

Kräutergarten Hoadabauer
Erika Schwab-Röck
Urbar 19 · 5651 Embach/Lend
06543/7409 · www.kraeutergarten-hoadabauer.at
Anfahrt: Der Kräutergarten liegt am Embacher Berggolfwanderweg. Von der Pinzgauer Bundesstraße, B 311, kommend Richtung Embach einbiegen, auf der Embacher Landesstraße auf den Wegweiser achten und links über eine kleine Holzbrücke einbiegen.

Biokräutergarten Wallmanhof
Christine Schnaitmann
Mitterangerweg 43 · 5425 Krispl
0664/3415043 · www.wallmanhof.at
Anfahrt: Vom Ortszentrum Gaißau Richtung Skilift, links Schulstraße, rechts Mitterangerweg, bis zur Hoftafel „Wallmanhof Bio Kräuter“.

Kräutergarten Johanna Maier
Johanna Maier
Am Dorfplatz 1 · 5532 Filzmoos
06453/8204 · www.johannamaier.at
Anfahrt: Beim Kreisverkehr in Filzmoos Ausfahrt „Johanna Maier".

Herzgarten
Ulrike Kerschbaummayr
Friedlmühle 207 · 3300 Amstetten
0664/2163515
Anfahrt: Westautobahn, Ausfahrt „Amstetten West", im Kreisverkehr rechts in Richtung Autobahnpolizei. An der ersten Abzweigung wieder rechts über die Autobahnbrücke, nach ca. 500 Metern wieder rechts in Richtung Stefanshart. Unser Haus ist das erste auf der rechten Seite.

Kräuterkraftwerk
Monika Vesely
Zehethof 9 · 3261 Steinakirchen am Forst
07488/72009 · www.kraeuterkraftwerk.at
Anfahrt: Autobahnausfahrt „Amstetten Ost", Richtung Steinakirchen am Forst, in Steinakirchen die erste Ortseinfahrt rechts abbiegen, danach der Beschilderung folgen.

Die Philosophie des TEH® Vereines: Traditionelles, regionales Heilwissen erheben, weitererzählen und leben

Der Verein zur Erhaltung der Traditionellen Europäischen Heilkunde, kurz TEH® Verein, hat sich zum Ziel gesetzt, die regionalen, traditionellen Anwendungen, Heilmittel und Rituale zu erheben, diese wissenschaftlich zu bearbeiten, wiederzubeleben und zu den Menschen zu tragen. Somit sollen zeitlose Praktiken, die über Jahrhunderte entstanden sind und sich bewährt haben, weitere Jahrhunderte zeitgemäß angewendet werden können.

„Das Heilwissen der PinzgauerInnen" – die Grundlage des TEH Vereins – wurde von der österreichischen UNESCO-Kommission auf die nationale Liste des immateriellen Kulturerbes gesetzt. Diese bringt damit den Wunsch zum Ausdruck, dieses Kulturgut besonders wertzuschätzen.

TEH Verein | naturwerke | akademie
www.teh.at

TEH®

United Nations Educational, Scientific and Cultural Organization

Österreichische UNESCO-Kommission
Immaterielles Kulturerbe/Nationales Verzeichnis

Heilwissen der PinzgauerInnen
anerkannt 2010

Über die Herausgeberin

Karin Buchart, Jahrgang 1963, sammelt seit 2005 für den Verein *Traditionelle Europäische Heilkunde* das alte Heilwissen der Pinzgauer. Mittlerweile gehört es zum immateriellen Kulturerbe der österreichischen UNESCO-Kommission. Die Ernährungswissenschaftlerin ist verheiratet und hat zwei Töchter. Sie lebt in Unken in Salzburg.

MIX
Papier aus verantwortungsvollen Quellen
FSC® C022357

PRINTED IN AUSTRIA

 Titelsatz aus einer Kalligrafie von Karl Starzer, Satz aus der Hoefler Text und The Sans. · Medieninhaber, Verleger und Herausgeber: Red Bull Media House GmbH · Oberst-Lepperdinger-Straße 11–15 · 5071 Wals bei Salzburg, Österreich · Gestaltung und Satz: wir sind artisten · Bilder: Cover und Innenteil: Birgit Buchart, außer S. 15: Claudia Dirnberger und S. 49: Johanna Maier

Printed by Samson Druck GmbH in Austria
ISBN 978-3-7104-0373-6